Wolf D. Hartmann

Was man nicht im Kopf hat, muss man in den Beinen haben

Kleine politische Schienbeinkunde

Coverfoto: Yury Rymko, https://pixabay.com/de/users/yu-ryrymko-12123719/, Beine Schuhe Paar - Kostenloses Foto auf Pixabay.
Covergestaltung: Astrid Böger

Wolf D. Hartmann

Was man nicht im Kopf hat, muss man in den Beinen haben

Kleine politische Schienbeinkunde

BAV

Die Deutsche Nationalbibliothek verzeichnet diese Publikation in der Deutschen Nationalbiografie; detaillierte Daten sind im Internet über https://portal.d-nb.de/ abrufbar.

Inh. Dr. Astrid Böger
Forsthausstr. 2
15526 Bad Saarow
kontakt@brandenburgischer-akademieverlag.de

Druck: Libri Plureos GmbH, Friedensallee 273,
22763 Hamburg

1. Auflage 2024

Printed in Germany.

ISBN: 978-3-910628-08-3

Inhalt

Diese Publikation wurde vor Bekanntgabe des „Ampel-Aus“ der Bundregierung am 06.11.2024 zur Veröffentlichung vorbereitet. Die Ampel-Regierung stellte eine Koalition aus Sozialdemokraten (rot), Liberalen (gelb) und Bündnis 90/Die Grünen (grün) dar.

Vom Wert der Beinfreiheit

Beinfreiheit erlangte schon vor Jahren hohe politische Bedeutung. Als der Kanzlerkandidat der SPD, Peer Steinbrück, 2013 gegen Angela Merkel von der CDU antrat, wurde der Terminus „Beinfreiheit" berühmt. In Münster versprach Steinbrück bei seinem ersten großen Auftritt als Kanzlerkandidat, Schwarz-Gelb abzulösen und warb um Vertrauen für seine Person. Er forderte zugleich von seinen Genossen: *Ihr müsst dem Kandidaten an der einen oder anderen Stelle auch etwas Beinfreiheit einräumen.*[1]

Den Wunsch nach Beinfreiheit griffen die Medien auf wie hungrige Journalisten einen Leckerbissen am kalten Buffet. Offenbar reichte dem Kanzlerkandidaten schon *etwas Beinfreiheit,* also keineswegs freier Schritt.

Was hieß das? Nahm die eigene Partei ihn schon als Kandidaten in die Grätsche wie mancher übermotivierte Fußballspieler den Gegner (nicht den Mitspieler!) im Strafraum?

Es wäre denkbar, dass unzufriedene Parteigenossen dem eigenen Kandidaten noch bevor der los

---

[1] Beinfreiheit für Peer, https://taz.de/!5082910/?goMobile2=1582588800062 29.9.2012, Aufruf vom 6.10.2024.

spurten konnte auf den Zehen standen. Es ging dabei nicht einmal um uneingeschränkte Beinfreiheit, sondern nur stellenweise. Stand da mancher *auf gespanntem Fuß* zum Kanzlerkandidaten? Wie sich das Wahlvolk die mangelnde Beinfreiheit im politischen Alltag vorstellen konnte, blieb offen.

Natürlich ist es für die persönliche Karriere oder Geschäfte immer besser, auf *gutem Fuß* mit einem Spitzenpolitiker zu stehen. Das könnte sich sehr positiv auswirken. Das bewies sich, als Patrick Graichen Staatsekretär beim frisch gekürten Vizekanzler und Wirtschaftsminister Robert Habeck wurde und zufällig auch sein Trauzeuge war. Erst als daraus eine *Trauzeugenaffäre* im Mai 2023 erwuchs, musste Habeck seinem Spitzenbeamten das Vertrauen entziehen und ihn fallen lassen.[2]

Aus dem vertraulichen, jemandem zustimmend auf den Fuß zu treten, entsteht rasch das Gegenteil, jemanden durch einen Tritt auf die Hühneraugen, den großen Zeh oder auch direkt auf den Schlips zu treten und damit zu mahnen.

---

[2] https://www.manager-magazin.de/politik/deutschland/trauzeugen-affaere-robert-habeck-will-staatssekretaer-patrick-graichen-offenbar-entlassen-a-fc869d2e-11d1-48f4-b2a2-2400165242f8, Aufruf vom 15.8.2024.

Im früheren Rechtsleben galt das *Treten auf den Fuß als Ausdruck des Besitzergreifens.*[3]

In der heutigen Ampelkoalition treten sich deren Vertreter ständig gegenseitig nicht nur auf die Füße, sondern oft genug symbolisch mit den Füßen, das heißt, sie schätzen sich gering, missachten sich und nutzen kleine Gemeinheiten, wie unabgestimmte Vorschläge oder unterbreiten unausgegorene Ideen. Unter solchen Bedingungen verengt sich die Beinfreiheit enorm.

Aus historischer Sicht spielt das Bein schon eine fundamentale Rolle in der Schöpfungsgeschichte der Bibel. In Moses 2, 23 heißt es wörtlich und gendergerecht aus gerade erschaffenem männlichem Mund: *Das ist doch Bein von meinem Bein und Fleisch von meinem Fleisch. Man wird sie Männin heißen, darum daß sie vom Manne genommen ist.*[4]

Bein wird hier im Sinne von Gebein oder Knochen verstanden, begründet durch die Heilige Schrift. In der Genesis steht bekanntlich, dass die Frau aus einer Rippe des Mannes von Gott gebaut wurde. Heutzutage ist das eher metaphorisch zu verstehen und nicht wörtlich, zumal sich in

---

[3] Röhrich, Lutz (1991): Lexikon der sprichwörtlichen Redensarten, Band 2. Easy bis Holzweg, Freiburg im Breisgau, S. 492.

[4] https://bibeltext.com/genesis/2-23.htm, Aufruf vom 6.10.2024.

modernen Bibeltexten auch „Frau“ statt „Männin“ durchgesetzt hat. Aber vielleicht ändert sich das auch noch wieder.

Evolutionstheoretisch gesehen entstanden beide Geschlechter offenbar gleichzeitig, wahrscheinlich die Frau früher, wie sich an dem Verhalten vieler Männer bis heute belegen lässt und inzwischen natürlich auch an allen, die sich dazwischen definieren.

Wenn uns etwas durch *Mark und Bein fährt,* handelt es sich um einen kleinen oder großen Schock, der seinen Ursprung in dem doppelsinnigen Gebrauch des Wortes Bein hat. Etwas Schockierendes steckt einem in den Knochen, der Brust und im Kopf. Es lähmt oft regelrecht.

Die Wahlergebnisse im Herbst 2024 in den drei Bundesländern Brandenburg, Sachsen und Thüringen lösten beispielsweise bei vielen Schockreaktionen aus, besonders bei den etablierten Politikern.

Dabei kündigten sich die herben Verluste vieler Parteien lange an. Vorsichtshalber wurde eine neue, bisher nur virtuelle, Mauer proklamiert: Die Brandmauer, um Mark und Bein aber auch Herz und Verstand zu schützen.

Mein Enkelsohn Hardy versteht als angehender Bauingenieur und Mitglied der Freiwilligen Feuerwehr allerdings nicht, warum Politiker ohne Ahnung von „Brandmauern“ faseln. Es gibt sie in der

Baupraxis als selbständige Mauern nicht, sondern nur Brandwände mit speziellen Anforderungen gegen überschlagende Flammen.[5]

Da sollten die Politiker mal in ihre eigenen Verordnungen und Gesetze schauen, etwa zur erforderlichen Bemessung (Brandwanddicke) DIN 4102 Teil 2, Tabelle 42, zur Klassifizierung in die DIN 4102 Teil 4. Spätestens hier würde klar, auf welch tönernen Füßen solche Redensarten stehen und wie aufwendig sie in der Praxis umzusetzen sind.

Die Chefredakteurin der Zeitung die Welt schätzt ein: *Die CDU steht vor dem Scherbenhaufen politischer Fehlentscheidungen. Ihre proklamierte Brandmauer gegen Rechtsaußen entpuppt sich als ein Verhütungsmittel gegen bürgerliche Politik, weil sie die Partei fortlaufend an linke Koalitionspartner bindet.*[6]

Wie Brandwände zum neuen Bündnis Sahra Wagenknecht aufzubauen wären, bleibt bisher undefiniert, um sich gegen eventuelle bisher schwer vorstellbare Regierungsbündnisse auf Ländereben

---

5 https://www.baunetzwissen.de/mauerwerk/fachwissen/bauphysik/brandwaende-162878. Aufruf vom 5.10.2024.

6 Schneider, Anna (090.09.2024) Eine Sahra, sie zu knechten. https://www.welt.de/debatte/kommentare/plus253394822/Brandmauer-Diskussion-Eine-Sahra-sie-zu-knechten.html, Aufruf vom 6.10.2024.

nicht gleich auf die Hinterbeine stellen zu müssen. Dazu im nächsten Abschnitt gleich mehr.

Nehmen wir den Spruch „Bein von meinem Bein!“ aber einmal als Imperativ wörtlich, im Sinne „runter von meinem Bein“, ergibt sich eine ganz andere Wahrnahme. Ein fremdes Bein spürt niemand gern auf dem eigenen. Ohne Einverständnis wird jede und jeder gegen fremde Beinkontakte protestieren, es sei denn beim Kuscheln wird das Berühren gewollt.

Stellen wir uns vor, ein fremdes Bein stehe in der U- oder S-Bahn auf unseren Füßen, dann wird nicht nur protestiert, sondern auch schnell Abstand gesucht, notfalls handgreiflich oder mit den Füßen der Beinkontakt verdrängt.

Wer hilfesuchend unter *Beinfreiheit* im Internet forscht, findet vor allem Angaben zum Reihenabstand für bequemes Sitzen im Flieger. Bei *SeatGuru*[7] lässt sich der Abstand vor dem Flug im Vergleich von Airlines herausfinden.[8]

Einen politisch ausgerichteten *LegGuru* gibt es dagegen bisher nicht, allerdings bei der chinesischen Plattform *TikTok*, die besonders bei jungen

---

7 Airline Seat Maps, Flights shopping and Flight information-Best Airplane Seats - SeatGuru

8 Pilz, Daniel: (12. 07. 2023) Mehr Beinfreiheit im Flugzeug, https://www.fairplane.de/ratgeber/beinfreiheit-flugzeug/Aufruf vom 6.10.2024.

Wählerinnen und Wählern beliebt ist, schon. Hier geht es um anschauliche Beinübungen aller Art.[9]

Allen Politikerinnen und Politikern sei empfohlen, sich mit Übungen zur Beinfreiheit auf *TikTok* mehr Sympathien vor allem bei Jüngeren zu erwerben.

Wer so über die Bedeutung der Beinfreiheit nachdenkt, kommt früher oder später zu der alten sprichwörtlichen Schlussfolgerung:

Wer auf die Leiter will, muss den Verstand in den Füßen haben.

---

9 https://www.tiktok.com/tag/legguru?lang=bn-IN, Aufruf vom 6.10.2024.

SICH AUF DIE HINTERBEINE STELLEN BRINGT VORWÄRTS

Aus Fabeln und dem Tierreich kennen viele das Verhalten von störrischen Eseln, die sich gern auf die Hinterbeine stemmen, wenn sie keinen Schritt weitergehen wollen. Oft gelingt es den Eseltreibern nicht, ihre Tiere gegen deren Willen zu bewegen. Die Esel stellen sich stur.

In einer Weihnachtsgeschichte des österreichischen Erzählers Karl Heinrich Waggerl (1897-1973) wird das so beschrieben. Als Josef mit Maria und dem kleinen Jesus den Esel schwer belud, um nach Ägypten zu ziehen, waren kaum noch die Hufe zu sehen.

Der Esel wölbte den Rücken, um die Last zurechtzuschieben, und dann wagte er einen Schritt, vorsichtig, weil er dachte, dass der Turm über ihm zusammenbrechen müsse, sobald er einen Fuß voransetze. Aber seltsam, plötzlich fühlte er sich wunderbar leicht auf den Beinen, als ob er selbst getragen würde; er tänzelte geradezu über Stock und Stein in der Finsternis.

Nicht lange, und es ärgerte ihn auch das wieder. "Will man mir einen Spott antun?" brummte er. "Bin ich etwa nicht der einzige Esel in Bethlehem, der vier Gerstensäcke auf einmal tragen kann?"

In seinem Zorn stemmte er plötzlich die Beine in den Sand und ging keinen Schritt mehr von der Stelle. Wenn er mich auch noch schlägt, dachte der Esel erbittert, dann hat er seinen ganzen Kram im Graben liegen!

Allein Joseph schlug ihn nicht. Er griff unter das Bettzeug und suchte nach den Ohren des Esels, um ihn dazwischen zu kraulen.

"Lauf noch ein wenig", sagte der heilige Joseph sanft, "wir rasten bald"!

Daraufhin seufzte der Esel und setzte sich wieder in Trab. So einer ist nun ein großer Heiliger, dachte er, und weiß nicht einmal, wie man einen Esel antreibt![10]

Es braucht Tricks, störrische Esel vorwärtszubringen.

Nun erscheint ein Vergleich mit Eseln und Politikern unangebracht, aber metaphorisch auch nicht ganz verkehrt. Manche altgediente Politikerin wurde sogar im Kollegenkreis so bezeichnet:

---

10 https://www.jesus.ch/information/feiertage/weihnachten/magazin/geschichten/108350-der_stoerrische_esel_und_die_suesse_distel_der_heilgen_nacht.html, Aufruf vom 7.10.2014.

Störrisch wie ein korsischer Maulesel auf einem steilen Bergpfad kann Sabine Leutheusser-Schnarrenberger sein. So sagen sie es halb bewundernd, halb resignierend in der FDP. Wenn die 60-Jährige etwas für richtig halte, sei sie davon kaum abzubringen.[11]

Die Bundesjustizministerin stritt sich um die anlasslose Datenvorratsspeicherung und blieb stur, wackelte nicht einmal mit den Ohrläppchen, selbst als andere dafür waren. 1996 trat sie aus Gewissensgründen daher zurück, weil sie gegen den großen Lauschangriff (unter Bundeskanzler Helmut Kohl beschlossene akustische Wohnraumüberwachung aus dem Jahr 1998) eintrat. Die dazu notwendige Änderung des Grundgesetzes haben viele vergessen.

Das rechneten ihr manche auch als Rückgrat an und 2009 wurde sie erneut Bundesjustizministerin. Andere assistierten ihr eine sehr schwierige Persönlichkeitsstruktur, was einer charmanten Umschreibung ihrer Sturheit entsprach.

Die Karrierebibel definiert Sturheit so:

Sturheit ist eine Charaktereigenschaft und Verhaltensweise, durch die Menschen nicht von ihren

---

[11] Hebestreit, Steffen (19.01.2019): Die störrische Ministerin. https://www.fr.de/politik/stoerrische-ministerin-11329115.html, Aufruf vom 07.10.2024.

Meinungen, Plänen oder Standpunkten abweichen können. Sie sind völlig unnachgiebig und uneinsichtig. Sturköpfe beharren auf dem eigenen Blickwinkel, selbst wenn zahlreiche Argumente für das Gegenteil sprechen. Sturheit entspricht der geistigen Flexibilität eines Steins. Auch werden solche Dickköpfe mit einem Esel verglichen, der sich ebenfalls nicht umstimmen lässt.[12]

Angesichts der aktuellen Diskussionen um Änderungen der Schuldenbremse könnte man sich fragen, ob besonders starrsinnige Politiker in der FDP das Sagen haben. Viele denken an den Bundesfinanzminister Christian Lindner und sein Festhalten an der Schuldenbremse, oder auch an den Bundesverkehrsminister von der FDP Volker Wissing, der die in fast allen Ländern üblichen Geschwindigkeitsbegrenzungen auf deutschen Autobahnen weiterhin ablehnt, obwohl sie am einfachsten CO_2 einzusparen helfen.

Es sieht gegenwärtig nicht so aus, als ob die FDP dadurch neue Wählerinnen und Wähler mobilisiert, sondern viele verliert.

Nachhaltig bereichert auch der ständige Hahnenkampf zwischen Bundeswirtschaftsminister Robert Habeck und dem Bundesfinanzminister Christian Lindner nicht nur die Feuilletons, sondern

---

12 https://karrierebibel.de/sturheit/Aufruf vom 7.10.2024.

auch die Stammtischdebatten. Beiden Ministern wird dabei Sturheit bzw. Bockigkeit assistiert. Besonders bizarr wirkte das eselhafte Verhalten der führenden Politiker in der jüngsten energiepolitischen Krise. Als höchste Gefahr bestand, in einen Blackout der Stromversorgung zu rutschen, wurden die letzten drei verbliebenen Atommeiler nach dreimonatiger Verlängerung stur aus ideologischen Gründen abgeschaltet. Passend hieß die Überschrift zum Hahnenkampf zwischen Habeck und Lindner: *Stur gegen bockig.*[13]

Aber auch in der SPD finden sich störrische Charaktere. Der damalige Bundesfinanzminister Olaf Scholz rechtfertigte sich bei Befragungen zu seinen Gedächtnislücken im Hamburger Steuerskandal im Rahmen von Cum-Ex Geschäften so:

„Wie überall in Deutschland entscheiden die Finanzämter in Hamburg eigenständig nach Recht und Gesetz", sagt Scholz… im Bundestag. Wer als Politiker Verantwortung habe, treffe sich mit vielen in der Gesellschaft. "Die Frage ist nicht, ob wir uns treffen, sondern ob wir uns beeindrucken und

---

[13] Schümer, Dirk (11.10.2022): Stur gegen bockig- Der Streit zwischen Habeck und Lindner ist absurd. https://www.welt.de/debatte/kommentare/plus241545569/Stur-gegen-bockig-Der-Streit-zwischen-Habeck-und-Lindner-ist-absurd.html, Aufruf vom 7.10.2024.

beeinflussen lassen", sagte Scholz. "Ich will dazu sagen, ich kann sehr störrisch sein."[14]

Bis heute ist unklar, wieso Hamburg 2016 darauf verzichtete, von der privaten Warburg Bank Steuererstattungen in Höhe von 47 Millionen Euro aus dem Cum-Ex-Skandal zurückzufordern und ob Scholz dabei Druck auf die Finanzbehörden ausübte – was er bestreitet. Jeder kleine Steuersünder wird vom Finanzamt dagegen sofort mit Strafzinsen belegt, wenn auch nur einen Tag fällige Zahlungen verzögert eintreffen.

In Scholz Fall zahlte sich seine Störrigkeit gepaart mit Erinnerungslücken besonders aus. Er wurde bei der Wahl 2021 trotz Gedächtnisverlustes Bundeskanzler. Karrieremäßig geht nicht mehr als Bundeskanzler zu werden. Je hartnäckiger Scholz auf seinen Gedächtnislücken beharrte, um so verbissener versuchten seine Gegner vergeblich zu beweisen, dass er die Unwahrheit sage.

Olaf Scholz zeigte sich über solche Zweifel an sein Erinnerungsvermögen erhaben, oder sprichwörtlich gesagt, er ließ sich *nichts ans Bein binden.* Daher ist seine Handlungsfähigkeit als Kanzler durch einen solchen *Klotz am Bein* wie Cum-ex

---

[14] Kinkartz, Sabine (09.09.2020): Kanzlerkandidat mit Gedächtnislücken. https://www.dw.com/de/st%C3%B6rrischer-kanzlerkandidat-mit-ged%C3%A4chtnisl%C3%BCcken/a-54871672, Aufruf vom 7.10.2024.

oder Cum-cum Geschäfte keinesfalls gefährdet. Da mögen Besserwissende noch so oft fordern, er solle sich auf seine Hinterbeine setzen, also an seinem Erinnerungsvermögen arbeiten, statt stur zu stellen.

EINE WAHLNIEDERLAGE IST KEIN BEINBRUCH

Im politischen Alltag sind Wahlen oft mit heftigen, meist verbalen Rempeleien vor dem Urnengang verbunden. Wahlschlappen werden dabei meistens nicht als Beinbruch empfunden, was die Position der Partei betrifft. Bei den letzten Wahlen 2024 sah das allerdings schon anders aus.

Enden die Wahlen nicht so, wie die Kontrahenten erwartet haben, geht die Suche nach den Schuldigen los. Die Obergenossen oder Spitzenfunktionäre der Parteien sind natürlich nicht schuld an teilweise desaströsen Wahlergebnissen, sondern diejenigen, die den Wahlkampf ganz praktisch managen.

Bei den Grünen (eigentlich BÜNDNIS 90/DIE GRÜNEN, aber von dem Bündnis aus ehemaligen DDR-Bürgerrechtlern redet schon lange keiner mehr) nahmen Ricarda Lang und Omid Nouripour als die Chefs der Partei die Wahlschlappen seit der Europawahl und in den nachfolgenden ostdeutschen Landtagswahlen auf sich. Der gesamte Vorstand trat zurück.

Bei den Jungen Grünen legte der Vorstand gleichfalls das Amt nieder und kündigte sogar an, aus der Partei auszutreten. Manche befürchteten Abspaltungen wie sie die *LINKEN* zuletzt mit dem *Bündnis Sahra Wagenknecht BSW* erlebten.

Das BSW schaffte es auf Anhieb, zweistellige Wahlergebnisse in drei ostdeutschen Bundesländern zu erzielen, obwohl Nouripour deren Chefin als Putins Pressesprecherin in Deutschland einnordete.[15]

Die Chefs der Grünen erklärten ihren baldigen Rücktritt und beteuerten in öffentlichen Statements, dass der potenzielle grüne Kanzlerkandidat und jetzige Wirtschaftsminister Robert Habeck keineswegs Druck ausgeübt habe. Der Münchner Merkur vermutet dagegen, *Habeck habe Ricarda Lang und Omid Nouripour weggemobbt, heißt es in ersten Berichten, die schon am Mittwochabend (25. September 2024) für große Unruhe bei den Grünen sorgen. Dieser dementierte, doch die Zweifel daran schaden ihm „massiv", wie ein eigentlich Habeck-treuer Realo gegenüber dem Medium kundtat*[16].

---

15 https://www.t-online.de/nachrichten/deutschland/innenpolitik/id_100504718/gruenen-chef-nouripour-ueber-wagenknecht-putins-pressesprecherin-.html, Aufruf vom 9.10.2024.

16 Gschoßmann, Christoph (04.10.2024): Lang und Nouripour weggemobbt? Bei den Grünen steigt Empörung über Habeck, https://www.merkur.de/politik/lang-und-nouripour-weggemobbt-bei-den-gruenen-steigt-empoerung-ueber-habeck-zr-93327067.html, Aufruf vom 9.10.2024.

Vieles spricht dafür, zumal zwei vertraute Habecks als designierte Nachfolgerin und Nachfolger vorgeschlagen wurden. Es zeigt sich, dass Wahlniederlagen doch schon richtig wehtun und der landläufige Berliner Spruch, *noch lange keen Beenbruch* impliziert, es hätte noch schlimmer kommen können.

Etwa wie bei den Linken, der FDP oder auch der SPD. Letztere wurde zwar in Brandenburg noch stärkste Partei und kann mit dem Spitzenkandidaten Ministerpräsident Dietmar Woidke versuchen, eine neue Regierung mit dem BSW zu bilden, aber viel hat am Wahlsieg der AfD nicht gefehlt.[17]

Mit einigem Abstand wirkte das im Grunde genommen schwache Abschneiden der SPD und die Empfehlung mancher Christdemokraten inklusive des CDU Ministerpräsidenten Kretschmar an die brandenburgischen Wählerinnen und Wähler, doch lieber SPD, statt CDU zu wählen, um Woidke zu erhalten, geradezu grotesk. Wo lassen sich noch Unterschiede in den etablierten Parteien feststellen, wenn politische Gegner zur Stärkung des Gegenlagers aufrufen? Offenbar zählt taktisches Wählen mehr als Überzeugungen.

---

17 https://www.tagesschau.de/inland/innenpolitik/brandenburg-landtagswahl-ergebnis-100.html, Aufruf vom 9.10.2024.

So gesehen überrascht es kaum noch, wenn sich mit einer Woche Verzögerung gegenüber dem Vorstand der Grünen auch der Jungstar der SPD, Generalsekretär Kevin Kühnert (35) aus gesundheitlichen Gründen aus der Politik zurückzog. Einen Beinbruch erlitt er offensichtlich nicht, aber woran er leidet, blieb offen und ist letztlich auch Privatsache.

Böse Zungen behaupten, er leidet vor allem an Profil- und Aufstiegsneurose, obwohl er eines der prominentesten SPD-Gesichter war und einst erfolgreich Scholz als Parteivorsitzenden gegen Saskia Esken verhinderte, der dann als Kanzler wiederkam.

Nun verabschiedete sich der Shooting Star überraschend aus der Politik, um erstmal zu genesen.

Die Parteiführer der Linken traten schon früher zurück und eigentlich erwarteten viele eine ähnliche Konsequenz bei der FDP, die aber ausblieb. Obwohl die FDP in manchen Wahlkreisen Null stimmen erzielte, trägt niemand die Verantwortung, sondern die Ampel blinkt weiter in allen drei Farben. Ein Grund dafür sind sicher die schwindenden Mitglieder der FDP selbst und dadurch bedingter Mangel an erfahrenen Schienbeinkämpfern. Jetzt bringt keiner der angeschlagenen Parteigranden die Größe auf, zugunsten des Fortschritts im Land die längst überdrüssige Koalition zu verlassen.

Wenn auch widerwillig, hat Präsident Joe Biden in den USA den Stuhl für seine Stellvertreterin Pamela Harris freigemacht und dadurch Größe und Reife gezeigt.

Hierzulande überwiegen offenbar Eitelkeiten und Machterhalt. Es gibt keinen Konsens, gemeinsam die chaotischen Streitereien zu beenden.

Das Streitverhalten der Regierungspartner erinnert nach drei Jahren an einen Kindergarten, was sogar der Kanzler selbst auf die Frage eines Erziehers bei einem Bürgerdialog 2024 bejahte.[18]

Die in der Bevölkerung inzwischen insgesamt ungeliebte Ampelkoalition sollte sich nach Meinung vieler zu einem letzten großen Schritt entscheiden, den Rücktritt. Die taz fordert:

Ampel, tritt ab und kommt Anfang Oktober 2024 zu dem Schluss: *Nur wenn sie gemeinsam mit dem Ampeldesaster abschließen, können SPD, FDP und Grüne einen fairen Wahlkampf unter Demokrat*innen führen, der AfD und BSW möglichst klein hält. Dass das dann auch passiert, dafür gibt es keine Garantie. Es wäre aber immerhin eine Möglichkeit. Würden sie gemeinsam ihr Scheitern eingestehen,*

---

18 Scholz stimmt Fragendem zu: Ampel ist wie Kindergarten. https://www.n-tv.de/mediathek/videos/politik/Scholz-stimmt-Fragendem-zu-Ampel-ist-wie-Kindergarten-article25205955.html, Aufruf vom 9.10.2024.

könnte die Ampel noch einmal Fortschrittskoalition sein.[19]

Dem ist nichts hinzufügen außer der Tatsache, dass die Koalition ansonsten *kein Bein auf die Erde bekommt.*

---

19 Müllender, Moritz (3.10.2024) Ampel tritt ab, https://taz.de/Ampel-tritt-ab/!6037069/Aufruf vom 9.10.2024.

Mit federndem Gang über die eigenen Beine fallen

Nicht nur am Stammtisch wird über die politische Lage viel diskutiert, sondern auch in den Clubs der Besserverdienenden, wo z.B. der beste Rosé Österreichs laut Falstaff Weinguide von 2019/20 ausgeschenkt wird.

Beim Probieren die besonderen Aromen herauszuschmecken, ist nicht ganz einfach. Wer nicht so ausgeprägte olfaktorische Fähigkeiten besitzt, hat es mit Genuss des besonderen Rosés schwer. Aber unsere weltgewandten Politikerinnen und Politiker sollten geschult sein, besonders unsere Außenministerin. Sie gehört zu den Reizthemen politischer Runden mit welchen Getränken auch immer.

Unsere Bundesaußenministerin Annalena Baerbock von den Grünen glänzte im September 2022 durch ein besonders viel Wirrwarr auslösendes Bekenntnis. In einer Diskussionsrunde äußerte sie in Prag:

„Wenn ich den Menschen in der Ukraine das Versprechen gebe: ‚Wir stehen an eurer Seite, solange ihr uns braucht‘, dann will ich es einhalten. Egal, was meine deutschen Wähler denken. Aber ich will

das Versprechen dem ukrainischen Volk gegenüber einhalten“.[20]

Viele Sympathisanten der Grünen irritierte das, aber auch viele Unterstützer der Hilfsmaßnahmen für die Ukraine. Selbst Wohlgesonnene vermissten diplomatisches Geschick der obersten Diplomatin des Staates.

Medien sammeln seither gern die verbalen Böcke der Außenministerin und bei TikTok gilt als besonderer Hit diese Eselei: *Kinder, die man morgens zur Schule springt.*[21]

Nach häufigen Scherzen über ihren durch das Trampolinspringen inspirierten, immer leicht federnden Gang geht es bei Diskussionen schnell um die Sorge, dass es für die Entwicklung der Beziehungen zu China wenig nützlich wäre, den Präsidenten der Volksrepublik im US-Sender *Fox-News* als Diktator zu bezeichnen. So viel Englisch verstehen auch die chinesischen Hörer inzwischen allemal.

---

20 Merz, Kathrin und dpa (01.09.2022): Egal was meine deutschen Wähler denken. https://www.berliner-zeitung.de/news/egal-was-meine-deutschen-waehler-denken-annalena-baerbocks-aeusserung-sorgt-fuer-wirbel-li.262685, Aufruf vom 10.10.2024.

21 Baerbock und ihre Böcke, http://www.rhetorik.ch/Aktuell/23/04_17/index.html. Aufruf vom 10.10. 2024.

Die deutsche Botschafterin wurde dazu im September 2023 in das Außenministerium in Peking einbestellt. Ein solche Vorladung gilt als Vorstufe für den Abbruch der diplomatischen Beziehungen. Darüber schwiegen die meisten Medien aus diplomatischen Gründen, vor allem in China selbst, aber auch bei uns. Die deutschen Autobauer zitterten schon vor der Diskussion um Strafzölle für chinesische E-Autos, dass der Verkauf ihrer eigenen Luxuskarossen in China zurückgehen könnte oder einfach untersagt würde. Das wäre dann zwar der Beweis für die Richtigkeit der Baerbock Aussage, aber doch wirtschaftlich sehr kontraproduktiv. Die Wahrheit allein zählt nicht.

Die deutsche Chefdiplomatin zeigt sich wenig diplomatisch und ist nicht bereit, über diplomatische Lösungen des Ukrainekrieges wenigstens erst einmal zu reden.

Auch wenn Annalena Baerbock stolz auf ihre neue Diplomatie im Klartext ist, sind sich die meisten einig, dass sie wenig Erfolge bringt. Man fürchtet sogar einen Eklat nach dem Vorbild der als *Emser Depesche* in die Weltpolitik eingegangenen bewusst undiplomatischen Korrekturen eines Telegrams durch Kanzler Bismarck. Sie lösten damals den deutsch-französischen Krieg von 1870/71 aus.

Viele bezweifelten in diesem Zusammenhang, dass Baerbock sattelfest in deutscher Geschichte wäre. Wer *Napoleons Truppen damals nur mit Panzern kämpfend* sah, wusste offenbar nicht, dass es im 19. Jahrhundert noch gar keine Panzer gab.

Kopfschütteln löste auch Baerbocks Vergleich aus, dass es Länder in Hunderttausend Kilometern Entfernung gebe. Von Deutschland aus ist jedes Land unter 20 000 Kilometern erreichbar, oder meinte die Ministerin vielleicht ein Grundstück auf dem Mond?

Aber wer 360 Grad Umdrehungen von Putin wie unsere Außenministerin bei der Münchener Sicherheitskonferenz für eine Richtungsänderung hält, fliegt eben mehrfach um die Erde.

Wem es egal sei, was seine deutschen Wähler von ihm denken, braucht sich nicht zu wundern, wenn die Wählergunst abnimmt, auch weil die Aufwendungen für das Styling überproportional zunehmen.

In einer Meldung des Nachrichtenmagazins FOCUS hieß es:

Im ersten vollen Jahr der Ampel 2022 sind die Kosten für Fotografen, Friseure und Visagisten der Regierenden auf rund 1,5 Millionen Euro gestiegen - 80 Prozent mehr als im Jahr davor und gar eine Verdreifachung innerhalb von zehn Jahren.

Allein die Visagistin im Außenministerium koste den Steuerzahler 137 000 Euro im Jahr. Man fragt sich, ob es auch einen speziellen Sommelier für die Regierenden gibt.

Vielleicht sollte der Außenministerin eine Flasche von dem berühmten, einleitend genannten Wein zugesandt werden.

Um den Zusammenhang voll zu durchschauen, muss man den Namen des Weins kennen:

Unter einem rosaroten Elefanten steht der Name:

STREHN -

der elefant im porzellanladen.

Man müsste eine gegenderte Sonderedition mit grünem Etikett ins Außenministerium schicken.

WIE MAN DEM POLITISCHEN KONKURRENTEN EIN BEIN STELLT

Aus Fußballspielen wissen alle, wie trickreich vor dem Torraum Gegner zu Fall gebracht werden. Ganz unschuldig heben die Spieler nach einem klaren Foul die Hände. Sie verstehen nicht, wenn der Schiedsrichter das Fehlverhalten mit einer gelben oder gar roten Karte ahndet bzw. einem 11-Meter gibt. Wie feurig und oft verbittert dann über die Entscheidung gestritten wird, kennen gleichfalls alle.

Was Politiker von den meist unschuldig lächelnden Sündern lernen können, liegt auf der Hand. Man muss das Bein möglichst so unauffällig und schnell in den Weg des Gegners strecken, dass es kaum jemand mitbekommt oder nicht ganz eindeutig ist. Solche Beinstellerei ist keineswegs nur gegenüber den politischen Gegnern, sondern oft innerhalb der eigenen Partei üblich. Dazu lohnt sich ein Blick zurück in die Tradition der Parteien,

beispielsweise einer der ältesten, der SPD.

Als der Friedensnobelpreisträger Willy Brandt 1971 erstmals Bundeskanzler für die SPD wurde, gefiel seine Politik keineswegs allen. Das Aufdecken eines Spions aus der DDR im Kanzleramt, Günter Guillaume, genügte dann, Brandt 1974 zum

Rücktritt zu bewegen. Guillaume hätte angeblich genügend Material aus Frauen- und Alkoholgeschichten des Kanzlers gesammelt, die reichlich Erpressungspotential böten. Der damals legendäre SPD-Fraktionschef Herbert Wehner empfahl seinem eigenen Genossen dann den Rücktritt, inspiriert durch den damaligen Bundesinnenminister Hans-Dietrich Genscher. Helmut Schmidt von der SPD folgte Brandt aus der Position des Verteidigungsministers. Manche sehen heute Parallelen zur Lage von Olaf Scholz. Nach der Wende wurde klar, dass Brandt in Wirklichkeit Opfer einer Intrige wurde.[22]

Auch Oskar Lafontaine, ehemals SPD, gilt als Spezialist für politisches Beinstellen. Auf dem Mannheimer Parteitag der SPD 1995 hielt er nach einer kraftlosen Rede des damaligen Parteivorsitzenden Rudolf Scharping als dessen Stellvertreter selbst eine begeisternde, feurige Ansprache und wurde über Nacht in einer Kampfabstimmung neuer Vorsitzender der SPD. Nachdem er fulminant seine politischen Vorstellungen als Bundesfinanzminister, in dem von Gerhard Schröder geleiteten Kabinett ab 1998 nicht durchsetzen konnte, trat er

---

22 https://www.rnd.de/politik/das-sind-die-funf-spektakularsten-intrigen-in-der-spd-WILDMHLDOFU2F32KHDVDM6R5T4.html, Aufruf vom 10.10.2024.

mit einem Paukenschlag aus allen Ämtern zurück, tauchte aus der Politik ab ins Privatleben und erst wieder mit Gründung einer neuen Partei *Der Linken* links von der SPD auf. Diese Abspaltung kostete die SPD in den folgenden Jahren viele Stimmen und das gleiche Schicksal erlebte die Linke bis zum Absturz in die Bedeutungslosigkeit durch die Gründung des *Bündnis Sahra Wagenknecht-BSW*.

Noch übler erging es der SPD Frau Heide Simonis bei ihrer Wahl zur Ministerpräsidentin von Schleswig-Holstein. Viermal fehlte ihr eine Stimme aus den eigenen Reihen. Diese Intrige ging als sogenannter Heide-Mord in die Politikgeschichte ein. Ihre politische Karriere war damit beendet. Wer ihr aus den eigenen Reihen ein Bein stellte, blieb ungeklärt.

Die CDU steht keineswegs hinter der SPD zurück. Der Erstbundeskanzler Konrad Adenauer versuchte lange Zeit beharrlich Ludwig Erhard, als Erfinder der sozialen Markwirtschaft als seinen Nachfolger 1966 zu verhindern. Schon wie er ins Amt kam, ist eine erstaunliche Geschichte.[23]

Kaum dass Ehrhard CDU-Vorsitzender wurde, angeblich ohne je Mitglied gewesen zu sein, putschten vier FDP-Minister gegen ihn und er verlor

---

[23] Hartmann, Wolf D. (2024): Reise zu Adenauer, Bad Saarow, S. 25.

sein Amt und den Parteivorsitz gegen Kurt-Georg Kiesinger, bis dahin Ministerpräsident in Baden-Württemberg.[24] Dem erging es wenige Jahre danach nicht viel besser, weil sich wieder die FDP auf die Seite der Sozialdemokarten schlug und die CDU dadurch ab 1969 für lange Jahre in die Opposition musste.

Bis in die Gegenwart ist der Kampf um die Nachfolge an der Parteispitze der CDU ein echter Krimi. Viele erinnern sich noch an den Machtkampf zwischen Angela Merkel und Friedrich Merz, den sie für sich entschied, bis er lange Jahre später 2022 doch noch an die Parteispitze rückte. Der CSU-Vorsitzende Markus Söder sorgte schon im Bundeswahlkampf 2021 dafür, dass die CDU/CSU Fraktion lange Zeit eher als ein zerstrittener Haufen von Egomanen wahrgenommen wurde als ein Team.

Prompt kam die Quittung, Armin Laschet verlor begleitet von lebhaften Sticheleien seines Kontrahenten Söder die Bundestagswahl. Von einer Schlammschlacht war im Frühjahr 2021 die Rede: *Sowohl Armin Laschet als auch Markus Söder halten sich für den besten Kanzlerkandidaten. Am*

---

24 https://www.augsburger-allgemeine.de/politik/CDU-Parteitag-Kungeleien-Intrigen-Streit-Schon-frueher-war-der-CDU-Vorsitz-umkaempft-id58908251.html, Aufruf vom 15.10.2024.

Montag hat sich das CDU-Präsidium sehr klar für Armin Laschet ausgesprochen. Seiner eigenen Logik zufolge hätte sich Söder nun zurückziehen müssen. Tat er aber nicht. Weil er gern der Kanzler der Herzen wäre. Oder wie man in Bayern sagt: Der Kanzler der Lebern. Und in seinen Augen sowieso der Einzige, der die Union retten könnte.[25]
Ob der zwischen Söder und Merz gefundene Burgfrieden um die Kanzlerschaft der CDU/CSU für den Wahlkampf 2025 hält, bleibt abzuwarten.

Vorerst scheinen beide Konkurrenten die Beine unter Kontrolle zu halten. Aber die Erfahrungen zeigen, dass hinter den Kulissen oft energisch weiter machtpolitisch gepokert wird.

Manche Maß kann mächtig in die Beine gehen und Friedrich Merz ist kein Biertrinker wie Markus Söder.

---

25 https://www.ardmediathek.de/video/extra-3/laschet-vs-soeder-schlammschlacht-um-die-kanzlerkandidatur-der-union/das-erste/Y3JpZDovL25kci5kZS8xY2ZhO-DRkZC05ZWUyLTRkYzItYjEyNi04NjM3NmRmYjhhMWI, Aufruf vom 15.10.2024.

Warum es sich lohnt, dem Gegner auf die Beine zu helfen

Schon in den so genannten Goldenen Zwanziger Jahren des vorigen Jahrhunderts trieb die politische Auseinandersetzung merkwürdige Blüten und setzte sich bis ins Strandleben an der Ostsee im Urlaub fort.

Die Großstädter reisten im Sommer an, verschanzten sich in ihren Sandburgen und zeigten Gesinnung. Sie hissten Flaggen: Schwarzrotgold zeigten die Anhänger der Demokratie. Schwarzweißrot, die alte Nationalflagge des Kaiserreichs, wurde von den Deutschnationalen aufgepflanzt. Misstrauisch beäugte man sich von Strandburg zu Strandburg. Ein Funken genügte, und Hass brach sich Bahn. Vielen Einheimischen war das peinlich. Die „Reichskriegsflagge" bestimme den Strand im Übermaß, beklagte die Kurverwaltung von Ahrenshoop im Sommer 1928.[26]

Die Kurverwaltung sprach von einem *Ansturm von Irren*, die den Ort mit ihrer *politischen Gereiztheit* befielen, während im Dorf selbst

[26] Jähner, Harald (2024): Höhenrausch. Das kurze Leben zwischen den Kriegen. Berlin, S.188.

Sozialdemokraten und Nationaldeutsche friedlich Skat spielten. Diskutiert wurde wenig, die Symbolik dominierte durch die Flaggen, die Mode und das kulturelle Verhalten insgesamt.

Die beiden Weltkriege zeigten, wohin politische Fehleinschätzungen und Überlegenheitsdünkel aus rassistischen Gründen führten. Millionen fanden den Tod und nochmal Millionen Deutsche erlebten Kriegsgefangenschaft und Lagerhaft.

Im humanitären Völkerrecht gibt es seit langem die ethische Verpflichtung, auch Feinden nach dem Kampf oder selbst nach hinterhältigen Angriffen zu helfen. Das fällt angesichts zunehmender terroristischer Aktivitäten keineswegs leicht. Einige sind strikt dagegen, andere halten es für selbstverständlich. Allgemein akzeptiert ist die Hilfe in Form von medizinischer Betreuung oder auch Beköstigung und Unterbringung von Gegnern jedoch keineswegs.

Die Pflicht, Kranken und Verwundeten der gegnerischen Seite beizuspringen, wird in der Theorie meistens anerkannt, praktisch jedoch oft auch durch Anwendung extremer Gewalt oder sogar Folter ersetzt.

Im politischen Alltag kommt das heutzutage Gott sei Dank kaum mehr vor, zählte aber in der Nazi Diktatur durchaus zu den legitimen Mitteln gegenüber vor allem der jüdischen Bevölkerung und Kommunisten wie Sozialisten.

Nach der Machtergreifung von 1933 kam es zunächst zu Boykottaktionen gegen jüdische Geschäfte, Warenhäuser, Anwaltskanzleien und Arztpraxen, zu Säuberungen im Beamtentum, der Bücherverbrennung am 10.Mai 1933. Im Jahr 1938 folgte das Verbot jüdischer Zeitungen und Zeitschriften in Deutschland, später des Besitzes von Radios, seit 1940 wurden Telefonate verboten und selbst Haustiere zu halten war ab 1942 Juden untersagt.

Schon ab November 1938 wurden jüdische Schülerinnen und Schüler von Schulen ausgeschlossen und ab 1941 wurde die Kennzeichnungspflicht mit einem Judenstern durchgesetzt sowie das Ausreiseverbot für Juden. Das Ende stellten die Konzentrationslager dar und die massenhafte Vernichtung.

In unserer liberalen Demokratie scheint es unmöglich zu sein, dass es wieder so weit kommt. Aber der Hass mit denen sich zum Beispiel in den USA Republikaner und Demokraten oft gegenüberstehen, lässt erschrecken. Die Befürchtungen vor den anstehenden Wahlen im November des Jahres 2024 sind groß, dass sich Szenen wie vor dem Capitol in Washington am 6. Januar 2021 durch Trump-Anhänger wiederholen könnten.

Hierzulande scheint es angeraten, dass die politischen Gegner bei aller Härte im politischen Diskurs mit *beiden Beinen auf der Erde* bleiben, also sich nicht in Spekulationen oder Fantasien über absolute Mehrheiten verlieren. Es ist besser, mit den realen Tatsachen des sich rasch verändernden Wählerverhaltens zu rechnen.

Je weniger rote Linien gezogen und hochtönende Ansagen vor Wahlgängen gemacht werden, um so sachlicher lässt sich nach der Wahl entscheiden, mit wem Bündnisse eingegangen werden können. Auf kommunaler Ebene setzt sich dieser pragmatische Ansatz seit langem durch.

Mit wem die CDU/CSU nach einem eventuellen Wahlsieg 2025 regieren wird, bleibt offen, wenn die Grünen verteufelt werden, AfD und BSW als nicht akzeptabel gelten, Linke und FDP eher keine wahlentscheidende Rolle spielen werden. Es bliebe die SPD für eine große Koalition, die aber schon im Wahlkampf 2017 eine große Koalition ausschloss, dann jedoch umfiel.

2018 erschien dazu das von Gertud Zucker illustrierte Büchlein *GROKOLORES*[27]. Nach dem Scheitern der Jamaika Koalition aus Schwarz-Gelb-Grün durch den berühmten Satz von Christian

---

[27] Hartmann, Wolf D. (2018): Grokolores, Kleines Lexikon zum Koalitionstheater, Cottbus.

Lindner *Es ist besser nicht zu regieren, als falsch zu regieren!* platzten die Pläne. Es hagelte vielfältigen Spott im Netz. Am besten gefiel der Spruch*: Lieber nicht aufstehen als mit dem falschen Bein.*

Scholz wurde unter Kanzlerin Angela Merkel Finanzminister, bevor er dann selbst Kanzler in der sogenannten Ampelkoalition wurde. Deren Partner schenken sich nichts und daher finden viele es besser, statt der Ampel oder Jamaika Kollektion eine Sahara Koalition zu bilden: Das Wahlvolk würde am liebsten alle in die Wüste schicken.

Da sich keiner freiwillig dahin begeben wird, sollten alle potenziellen Koalitionäre darauf achten, sich nicht allzu heftig vor die Schienbeine zu treten. Bei der Landtagswahl in Brandenburg deutete sich das schon an. CDU-Mitglieder empfahlen ihren eigenen Anhängern, diesmal besser Woidke und damit seine SPD zu wählen, um eine Mehrheit der AfD zu verhindern. Das wurde knapp geschafft, aber spricht Bände. Aus dem Wahlkampf hielt der amtierende Ministerpräsident die Spitzengenossen konsequent fern, um nicht dadurch Schaden zu nehmen. Das grenzt schon an Höchststrafe und spricht kaum für die Parteivorsitzende Esken sowie den Kanzler, aber für die taktischen Wähler.

Um der Nichtregierbarkeit zu entgehen, wählte man das kleinere Übel und unterstützte den langjährigen SPD-Mann. Ein Geschmäckle bleibt bei solchem Verhalten, aber es ist sinnvoller, wieder *politisch auf die Beine zu kommen,* statt liegen zu bleiben.

VOM FEHLER, ALLES ÜBERS KNIE ZU BRECHEN

Die sogenannte Fortschrittskoalition der Ampel trat mit dem Anspruch an, im doppelten Sinne alles auf Grün zu stellen. Die Neuerungen sollten schnell, unbürokratisch und gut überlegt beschlossen und durchgesetzt werden. Es herrschte fast Euphorie. Die drei wichtigsten Männer der Koalition strahlten nur so in die Kameras und versprachen, im Gleichschritt zu marschieren. Der Koalitionsvertrag umfasste 178 Seiten mit zahlreichen Aufgaben.

Einige Ziele wurden erreicht. Aus „Harzen“ wurde das *Bürgergeld*. Die Sozialleistung erregt zwar nach wie vor die Gemüter, aber das spielt keine Rolle. Dagegen erfreut das sogenannte *Deutschlandticket* für 49 Euro pro Monat Reiselustige, auch wenn die Sylter von der Überflutung ihrer Insel nicht so begeistert waren. Jetzt soll es allerdings schon wieder teurer werden.

Oder dann endlich das *Selbstbestimmungsgesetz*, mit dem nicht mehr das biologische Ursprungsgeschlecht bestimmend ist, sondern jeder selbst ab 14 Jahren nachjustieren kann. Ich überlege, ernsthaft ob ich aus meinem dritten ungeliebten Vornamen Karl nicht einen neuen Aufschlag als Autorin versuchen sollte. Karla Hartmann könnte ich mir dazu gut vorstellen. Auch ein spätes coming out als Trans-, intergeschlechtliche und nichtbinäre Person, braucht keine Rechtfertigung und nur eine Anmeldung beim Standesamt.

Meine Frau kommentierte meine ernsthaften Überlegungen mit dem unsensiblen Hinweis, dass meine Karla-Spinnerei auch keinen Bestseller ergeben würde und sie sich dann überlegt, sich Siegfried zu nennen.

Am meisten Aufmerksamkeit in der Gesetzgebung der Ampel erhielt vielleicht das *Cannabisgesetz*, das ausgerechnet am 1. April verabschiedet wurde, aber nicht als Aprilscherz aufzufassen ist. Es regelt das Kiffen neu und berauscht die Anhänger ohne Stoff, während Kritiker wiederum nur nörgeln und viele Fragen zur praktischen Durchsetzung stellen.

Am meisten diskutiert wurde Habecks verkürzt als *Heizungsgesetz* (eigentlich *Gebäudeenergiegesetz-GEG*) bezeichneter Coup. Was da übers Knie gebrochen an die 41 Millionen Besitzer von Heizungskellern über Nacht losgelassen wurde, erinnerte manchen Hausbesitzer an Entmündigung. Das GEG 2024 passte perfekt zur Herkunft der Mahnung, nicht alles übers Knie zu brechen. Das bezog sich früher aufs Feuerholz Zubereiten, wo es gelang dünnere Äste und Hölzer generell schneller übers Knie zu brechen als mit einer Axt oder Säge zu zerkleinern. Holz übers Knie zu brechen, war damit positiv besetzt.

Die vielen Missverständnisse zur Anwendung und Auslegung des neuen Gesetzes führten jedoch zum gegenteiligen Effekt. Wer immer konnte, erneuerte im vorgegebenen Zeitraum bis zum Inkrafttreten des neuen Heizungsgesetzes ab 1.1.2024 seine alte fossile Heizung durch eine modernere, um dem Zwangseinbau einer ökologisch korrekten Heizung hinauszuzögern. Bis 2045 sollen alle Heizungen mit erneuerbaren Energien betrieben werden.

Die Berliner Morgenpost stellte *maximalen Zeitdruck bei maximaler Verwirrung* fest.

Wer danach als Heizungsbesitzer die Debatte und jede ihrer Wendungen verfolgte, musste schon starke Nerven haben, um nicht bekloppt zu werden. Fristen, Übergangsfristen und Ausnahmen von Fristen. Wärmequellen und Wärmenetze, Effizienzpflicht und Sanierungszwang. Debatten über Altersgrenzen von Heizungen, Häusern und Hausbesitzern. Ganz zu schweigen von der Frage, wer eigentlich welche Förderung bekommen könnte. Die halbe Republik war gezwungen, sich innerhalb von Tagen zum Heizkesselexperten fortzubilden.[28]

Durch *Habecks Heizungshammer* wurde der Blick vieler Bürger in einen sonst kaum beachteten Raum gelenkt: den Heizungskeller oder den Wirtschaftsraum. Es gibt zweifelsfrei Räume mit mehr Charme, aber wenn der Ofen aus ist, fühlt es sich überall schnell kalt an.

Die Zeitungen und noch mehr die Kommentare in den sozialen Netzen überschlugen sich. Man konnte fürchten, übermorgen die Gasheizung abstellen zu müssen. Das schon fast verabschiedungsreife sogenannte Heizungsgesetz wurde gestoppt, dann doch angenommen. Die *„Wärmewende“* sollte vorangetrieben werden.

Welch eine Wortschöpfung: *„Wärmewende“*. Ließen sich bei Wärmeströmungen rein physikalisch Wenden realisieren? Warmluft schwebte nun mal nach oben und ließ sich nicht ohne Weiteres die Richtung diktieren.

Aber die Empfehlung lautete ja auch, sich wärmer anzuziehen und am besten ganz auf fossile Brennstoffe zu verzichten. Dazu galt es den eigenen Grips mehr anzustrengen, so wie der argentinische

---

[28] https://www.morgenpost.de/politik/article238701101/Wut-Angst-Warum-der-Heizungsstreit-so-gefaehrlich-ist.htmlAufruf vom 18.10.2024.

Künstler *Gabriel Chalier* mit seinen Lehmofenwesen bewies.

Dabei handelte es sich um kleinere und größere Ofenskulpturen, die zugleich Fabelwesen darstellten. Sie wirken archaisch und modern zugleich, humorvoll und ernsthaft. Das Berliner Kunstmagazin *art* veröffentlichte im Mai 2023 dazu einen ausführlichen Report mit dem Künstler, dessen Ofenskulpturen in internationalen Ausstellungen große Beachtung finden.

Hinter der Idee von *Chalier* steckten *Kunstwerke, die einen skulpturalen Wert darstellten, aber gleichzeitig von praktischem Nutzen waren, eventuell sogar jemanden helfen konnten.*

Habecks Heizungswende würde kaum so viel internationale Aufmerksamkeit finden, wie diese Ofenskulpturen. Aber offenes Feixen und Feiern der Gewinner unserer Sanktionspolitik lösten die weltweit viel teureren und ökologisch einst verdammten Einkäufe von Flüssiggas schon aus.

Es ist zu bezweifeln, dass man die Skulpturen tatsächlich beheizen konnte, aber vielleicht gaben sie ja Anstöße, die Wärmewende etwas humorvoller nach dem Motto des Künstlers anzugehen *La ingenieria de la necesidad.* Die Technologie der Notwendigkeit.

Und es galt, sich selbst mehr einzuheizen, in die Hände zu klatschen mit Losungen zu Habecks Heizungs-Hammer - HA-HEI-HA.

Und die Kinder könnten in der Schule singen:

„HA-HEI-HA – die Wärmewende ist da.

Jetzt könn‘ wir in den Garten und auf die Sonne warten,

HA-HEI-HA, die Heizungswende ist da.“

Mit Blick auf das eigene Konto wird vielen Älteren Angst und Bange. Die enorm gestiegenen Energiekosten und anhaltenden Verunsicherungen haben die Begeisterung zum Erreichen neuer Ziele in der Klimaneutralität drastisch reduziert.

Der Absturz der Grünen bei nachfolgenden Wahlen ist nur ein Beweis dafür. Viele hoffen darauf, dass kommende Regierungen die Regelwurt bis zum Heizungskessel rückgängig machen und mit mehr Sorgfalt abgewogen statt verunsichert wird.

Die Ampel liefert fast täglich neue Beispiele dafür, wie man *sich selbst ins Knie schießt* und sich dann wundert, dass man wie frau nicht flotter gehen können.

Wetten auf tote Pferde

Kurzzeitig schüttelten sich die Grünen und die Genossen nach ihrer Klausur im Schloss Meseberg bei Berlin Ende August 2023. Obwohl der Kanzler empfahl, künftig mit Schalldämpfern zu kommunizieren, kam schon kurz darauf wieder ein Knall vom Chef der FDP: Man sollte die Schließung der Atomkraftwerke überdenken.

Viele fragten sich, wie das mit der Schalldämpfer-Kommunikation praktisch gehen soll. Hält man sich den Schalldämpfer vor den Mund oder doch vor die Argumentationspistole?

Scholz erklärte das seinen Bürgerinnen und Bürgern so:

Wir werden hämmern und klopfen, aber mit Schalldämpfer.[29]

Für wie blöd hält der Kanzler die Bürger, dass er solche Metapher aus dem Kindergarten wählt, die noch dazu unsinnig sind. Ein Hammerschlag bleibt

---

[29] https://www.focus.de/politik/analyse-von-ulrich-reitz-scholz-schalldaempfer-offenbart-seine-befremdliche-sicht-auf-uns-buerger_id_203247628.html, Aufruf vom 20.9.2024.

laut und ein Klopfen auch, sonst hört man den Anklopfenden nicht!
Lindner sprach wenigstens davon, dass Geräusche beim Arbeiten in der Küche unvermeidlich sind. Das Magazin Focus moserte zu Recht nach der Klausur:

Politik mit Schalldämpfer machen zu wollen, ist ... ein vergiftetes Versprechen. Es offenbart eine befremdliche Sicht auf den Bürger, dem Scholz doch angeblich mit Respekt begegnen möchte – und der offensichtlich zu blöd ist, um zu erkennen, wie glorios diese Regierung doch in Wirklichkeit ist.[30]

Richtig, es ist unredlich, im Regierungsviertel nur leise zu mauscheln. Widersprüche müssen ausgetragen werden, zumal, wenn sie dem normalen Menschen offen aufstoßen.

Der FDP-Chef empfahl, um handlungsfähig zu bleiben in der immer noch vorhandenen Energiekrise und Diskussion um Industriestrompreise, den Rückbau der gerade erst im April beerdigten Atomkraftwerke zu überdenken und erst einmal zu stoppen. Vielen erschien das selbstverständlich und angesichts viel zu hoher Strompreise überfällig.

Aber der an einprägsamen Bildern zum Verständnis für schwer begreifbare Aktionen interessierte Kanzler konterte prompt, dass die Atomkraft in Deutschland ein *totes Pferd* sei, ungeachtet

---

30 Ebenda.

dessen, dass fast alle anderen EU-Staaten weiter auf Atompferden reiten und sogar welche nachzüchten.

Der Kanzler argumentierte dagegen, dass eine solche Neugeburt in Deutschland 15 Jahre brauchen würde. Da übertrieb er, in China dauerten Atom-Kraftwerkneubauten höchstens 9-10 Jahre.

Der Bau eines Atomkraftwerkes dauert in Deutschland also rund ein Drittel länger. An Neubauten war allerdings gar nicht gedacht, sondern schlicht an die Nutzung des noch Vorhandenen. Staat lässt sich mit den vom Kanzler gemachten Angaben zu Bauzeiten nicht machen.

Die letzten deutschen Atomkraftwerke, mit den neutralen geografischen Namen *Isar 2, Emsland und Neckarwestheim 2,* waren erst im April 2023 trotz steigender Energiepreise final abgeschaltet worden. Frankreich schmiedete gleichzeitig eine Allianz mit 16 atomenergiefreundlichen Staaten zum Ausbau der Kernkraft. In Polen sollen bis 2038 sogar 79 kleine Atomreaktoren gebaut werden und der EU-Klimakommissar erklärte, dass es ohne Kernkraft keine Klimaneutralität in Europa geben werde.

Da fassten sich die Befürworter der Kernkraft an den Kopf, FDP-Wähler und Freie Wähler sowie AfD-Anhänger besonders. In Zeiten vermehrter Energieprobleme schaltete Deutschland seine sicheren

und ohne CO_2-Belastung funktionierenden Kernkraftwerke ab, um dann an den internationalen Strombörsen selbstredend auch Atomstrom zu kaufen, wenn Not an Erneuerbaren herrscht.
Welch eine Vernichtung von Vermögen in der deutschen Energiepolitik.

Die Befürworter des Abschaltens argumentierten, der im Jahr 2000 nach dem erdbebenbedingten Fukushima Gau begonnene Atomausstieg mache das Land sicherer, da die Risiken der Atomkraft nicht beherrschbar seien. Dass es hierzulande kaum Erdbeben gibt, scheint dabei keine Rolle zu spielen. Vor den in der Nähe aller unserer Grenzen liegenden AKW der Nachbarstaaten oder geplanten Neubauten, wie in Polen, werden die Augen geschlossen.

Eine solche widersprüchliche Politik ist schon kabarettreif, zumal dann der Atomenergie durch die EU-Kommission auch noch das grüne Label der Nachhaltigkeit und Umweltverträglichkeit im Rahmen der sogenannten Taxonomie verliehen wurde.

Dabei handelt es sich um eine Liste, die Bürger und Anleger dazu bringen soll, in klimafreundliche Technologien zu investieren, um die Klimawende voranzubringen. Um dieses Ziel zu erreichen, sollen Finanzdienstleister künftig ihre Produkte auf Taxonomie-Konformität und somit auf ein grünes Label überprüfen. Dazu gehört inzwischen die Atomkraft.

Diejenigen, die unser totes Pferd in Deutschland weiterreiten wollten, investierten nach Kanzlermeinung, nur Zeit und Energie in etwas, das bereits gescheitert oder aussichtslos ist. Weiterhin daran festzuhalten oder daran zu arbeiten, ist danach ohne Aussicht auf Erfolg.

Mit der Metapher vom *toten Pferd* ist dem Kanzler wieder eine bildliche Sprache gelungen, um die Verschwendung von Ressourcen oder die Fortführung einer aussichtslosen Tätigkeit zu beschreiben. Ob sie Bestand beim potenziellen Regierungswechsel bei der nächsten Wahl hat, wird sich zeigen.

Vielleicht wäre es doch besser, wenn der Kanzler mal vom hohen Ross herunterstiege und sich zu Fuß in die Provinz zur Stimmungsaufnahme begäbe. Vielleicht lässt der oberste Rittmeister die Zügel in der Regierungsarbeit zu sehr schleifen und dadurch entsteht viel Gerangel. Manches Kabinettsmitglied müsste mehr in Trab gebracht werden und die Beamten in den Ministerien und vor Ort sowieso. Aber Fehler einzugestehen, fällt schwer.

Es gehört viel Mut dazu, vor aller Öffentlichkeit zuzugeben, dass man aufs falsche Pferd gesetzt hat und das Totgesagte vielleicht doch noch eine Überlebenschance haben.

Schon vor langen Zeiten gehörte es zu den Erfolgsstrategien, die Pferde ruhig einmal zu wechseln, bevor man sie für tot erklärte.

Wenn Atomstrom in der EU grün gelabelt wird, bleibt es schwer verständlich, warum bei uns viele Steuermittel für die Entsorgung *toter Pferde* aufgewandt werden, statt sie wieder zu beleben. Sprichwörtlich heißt es:

Ein Pferderennen gewinnt nicht immer der Schnellste, sondern der (oder die) Klügste.

Knoten in die Beine machen und Festkleben

In der Umgangssprache steht *bekloppt* laut etymologischem Wörterbuch für das Adjektiv *beschränkt, nicht ganz bei Verstand, verrückt.* Zu Zeiten der Prügelstrafe in Schulen leitete sich das Wort noch *von einem Schlag auf den Kopf bekommen, Kloppe für 'Prügel, Schläge',* hieß es da und *verkloppen* bedeutete *'verprügeln, verhauen`* .

Das ist mit denjenigen, die sich auf Straßen oder Plätzen festkleben, heutzutage nicht mehr möglich, wünscht sich aber wohl mancher heimlich, wenn er persönlich von einer Aktion auf dem Weg zur Arbeit oder einem anderen wichtigen Termin betroffen ist. Ähnliche Gefühle lösen die Verschmutzung von Kunstwerken in Museen oder das Verkippen von Warnfarben an Fassaden öffentlicher Gebäude durch Vertreter der Letzten Generation oft aus.

Dass der Bundeskanzler in hanseatischer Nüchternheit Aktionen der Klimakleber vor Schülern im Brandenburger Kleinmachnow im Frühsommer

2023 *völlig bekloppt*[31] nannte, machte die Klimaakteure fassungslos.

Sie schimpften zurück:

Die Ursache unseres Protests liegt in der verantwortungslosen Befeuerung des gesellschaftlichen Zusammenbruchs durch die Regierung Scholz.[32]

Fast immer verteidigen sich die Vertreter der *Letzten Generation vor den Kipppunkten* damit, dass die Politik der Bundesregierung zu wenig gegen den Klimawandel tut, etwa einfach eine Geschwindigkeitsbegrenzung auf deutschen Autobahnen. Ganz in Kanzlersprache gesagt, *verkloppt* die Ampel im Sinne des Verramschens die Zukunft unserer Enkel für die Gewinne der Autoindustrie und sonstigen Klimasünder, aber auch durch das Verhalten alle Nutzer und Verbraucher.

Man müsste in die Klimaproteste mehr Humor bringen, denn selbst beim Atmen wird Kohlendioxid ausgestoßen. Der Autor erinnerte sich daran, einmal über eine Formel nachgedacht zu haben, wie der CO_2-Ausstoß beim Atmen zu messen wäre und dass natürlich beim schnelleren Gehen bzw. Laufen oder anderen Bewegungen mehr CO_2

---

[31] https://www.sueddeutsche.de/politik/letzte-generation-fassungslos-kritik-scholz-bekloppt-1.5876159, Aufruf vom 20.9.2024.

[32] Ebenda.

entstünde. Hieße das, nur noch in ruhiger Schrittgeschwindigkeit zu gehen und Joggern eine zusätzliche Steuer aufzubrummen?

Solche drastischen Maßnahmen wirkten genauso wenig wie das Blockieren von Straßen ohne Rücksicht auf Rettungswagen oder Polizeieinsätze.

Wie weit durften Proteste gehen, wenn die unmittelbaren Konsequenzen sogar Leben gefährdeten, wie in Berlin nach einer Sitzblockade auf einer Hauptstraße heftig diskutiert wurde. Eine durch einen LKW verletzte junge Radfahrerin hätte vielleicht gerettet werden können, wenn die Straße frei gewesen wäre.

Die Klimaprotester beeilten sich, schnell klarzustellen, dass der Unfalltod dadurch nicht beeinflusst wurde. Aber die Diskussionen um die Zulässigkeit solcher Eingriffe in den öffentlichen Raum inklusive Flugverkehr nahmen dadurch erheblich zu und die Aggressivität der blockierten Autofahrer auch, weil sie teilweise selbst Hand anlegten und dabei rabiater vorgingen als die Polizei.

Alle diejenigen, die sich auf dem Weg zur Arbeit befinden, wirken oft besonders gereizt und fordern die Kleber oft verbal mit Sprüchen heraus, wie:

Ohne Hirn und Arbeitgeber, wird man einfach Klimakleber.

Die Selbstjustiz gegen die Nötigung auf den Straßen wächst wie das Unbehagen über solche

Aktionen. Die Gerichte fällen dabei höchst unterschiedliche Urteile. Werden den Akteuren einerseits „billigenswerte“ Handlungen zugeschrieben, müssen aggressive Autofahrer mit hohen Geldstrafen oder Führerscheinentzug bis zu Haftstrafen rechnen, wenn sie sich der Nötigung widersetzen oder gar Kleber anfahren.

Selbst Ermittlungen gegen die Klimakleber als „kriminelle Vereinigung“ bringen keine Klarheit. Wo fängt legitimer Ungehorsam an und wo endet der Protest, wann gilt eigene Notwehr gegen Blockierer und warum wenden sich die Aktivisten zunehmend gegen Kunst in Museen?

Es geht darum, Aufmerksamkeit zu erzielen und da wirken Tomaten- oder Kartoffelsuppe auf einem berühmten Bild natürlich mehr als ein Straßenprotest. Wenn die Erde stirbt, gibt es logischerweise auch keine Kunst mehr. Promovierte Klimaprotestler wie *Tazio Müller* bekennen offen im ZDF:

Wenn Menschen in Bolivien nicht mehr am Klimawandel sterben müssen, dann scheiße ich dafür auf jedes einzelne Bild in einem deutschen Museum.[33]

---

[33] https://www.zdf.de/nachrichten/politik/klima- protest-museum-gemaelde-monet-festkleben-100.html, Aufruf vom 15.10.2024.

Das klingt wenig kompromissbereit und leider auch nicht lustig, abgesehen von den Schwierigkeiten, hängende Bilder mit Fäkalien aus dem eigenen Abgang zu treffen. Dafür brauchten die Demonstranten schon eine Leiter und müssten sich entblößen, was sicher als Erregung öffentlichen Ärgernisses eher geahndet wird als ein Festkleben am Bild, einer Skulptur oder auf der Straße. Wenn wir schon bei dem peinlichen Thema sind, wie verrichten die Protestierenden eigentlich ihre Notdurft auf der Straße oder sind sie alle gepampert? Einige radikal Eingestellte meinen sogar, man sollte sie einfach kleben lassen. Dann könnten die Protestierende sich selbst befreien statt behutsam von Staatsdienern gelöst und wegetragen zu werden.

Der Protestforschung und Konfliktvermittlung stellen sich offenbar ganz neue Fragestellungen und den Museen gleichfalls zum Schutz ihrer Exponate. Natürlich gibt es auch Sticheleien, dass niemand so an unserer ungebremsten Geschwindigkeit auf Autobahnen klebt, wie die FDP-Fraktion.

Hilfe erhalten die Klimakleber von den „Tyre Extinguishers“, einer Gruppe von Autogegnern, die bevorzugt großen SUVs die Luft von den Reifen lassen. Anspielend auf Feuerlöscher (Fire Extinguishers) leeren sie den Umweltsündern die Superschlappen. Mit Stolz verkünden die Reifenlöscher, dass schon im ersten Jahr der Existenz mehr als 10 000 SUVs die Reifen platt gemacht wurden.

Selbst in der kleinen Stadt Fürstenwalde/Spree ganz in der Nähe von Bad Saarow legten sie 40 SUVs still. Die Polizei riet den Betroffenen am 27. September 2024 in der Lokalzeitung MOZ zu Gelassen- und Besonnenheit beim unmittelbaren Erwischen der modernen Straßenwächter, sonst drohen Anzeigen mit Vollstreckung.

Kein Anschnauzen oder gar Handgreiflichkeiten, sondern immer kulturvoller Dialog.

Man wie frau

müssen wohl noch viel lernen, um ehrend zu tadeln und zu ertragen, wenn ihnen der *Schock in die Beine fährt.*

Wie ein Kuss von den Beinen holt

Der Kuss zählt zu den uralten universalen Gesten bzw. Handlungen. Er besitzt vielfältige Symbolik über seine Bedeutung für Verliebte hinaus, besonders als Zeichen der Zuneigung zwischen Eltern und Kindern, Freunden und Freundinnen sowie Verwandten. Aber auch der Bruderkuss zwischen Staatsmännern aus sozialistischen Ländern galt als Zeichen für Gleichheit, Brüderlichkeit und Solidarität. Von der besonderen Bedeutung des *heiligen Kusses* im Rahmen der Eucharistie einmal ganz abgesehen und den hier üblichen Ritualen des Altarkusses bis zu vielen anderen.

Das Belvedere in Wien gilt als das meistbesuchte Kunstmuseum Österreichs, weil es u.a. Gustav Klimts weltberühmtes Bild *Der Kuss (Liebespaar)* von 1908-1909 beherbergt. Regelmäßig lassen sich zahllose Paare vor dem goldenen Bild beim Küssen fotografieren. Am Valentinstag musste das Museum auch schon wegen zu großen Andrangs Kussfreudiger geschlossen werden, wie das Kunstmagazin *art* unter dem Titel „*A Kiss is just a Kiss*" zu dem berühmten Gemälde im Mai 2023 berichtete.

Klimts Kuss Bild wurde als eines der bekanntesten Gemälde sogar virtuell vergoldet, in dem 2022 das berühmte Kussbild in 10 000 digitale Schnipsel zerteilt wurde, sogenannte Nefts (Non Fungible Tokens) zum Preis von jeweils 1850 Euro. Über ein Viertel der Nefts sei laut Belvedere verkauft, wenn auch inzwischen weniger Wert durch die Krypto Krise als zu den Ausgabezeiten.

Küssen erscheint vielen als Selbstverständlich- oder Harmlosigkeit, Ausdruck von Liebe und Freude.

Aber das Küssen hat inzwischen politisch-ideologische Dimensionen, die viele nie für möglich gehalten hätten.

Der „Kuss-Skandal" zur Frauen Weltmeisterschaft in Sydney 2023 bewies das nachhaltig. Der spanische Fußballverbands-Präsident Luis Rubiales hatte bei der Siegerehrung nach dem von Spanien gewonnenen WM-Finale die Spielerin Jennifer Hermoso vor der Weltöffentlichkeit auf den Mund geküsst. Was zunächst wie eine Überreaktion im Freudentaumel aussah, wurde bald als Übergriffigkeit gewertet.

Ein Skandal brach los. Statt über die Leistungen der Spanierinnen wurde weltweit fast nur noch über den Kuss debattiert. Die Spanierinnen hatten sich gefühlt, *als würden sie in den Krieg gegen die Machos* in Spanien ziehen.

Der Verbandspräsident unterschätzte offenbar die Medienmacht. Er spielte die Szene herunter, weigerte sich, wegen des Küsschens zurückzutreten. So sahen das anfangs auch viele andere Verbandsverantwortliche. Aber die Diskussionen hielten an. Rubiales wurde vom Verband freigestellt, weil er selbst wohl glaubte, die Diskussionen würden sich legen und der Kuss im Übermaß der Freude über den Gewinn der Weltmeisterschaft in den Hintergrund rücken.

Aber er irrte sich. Der öffentliche Druck hielt an. Der Kuss-Skandal entfaltete eine mediale Eigenmacht, die den Verbandspräsidenten schließlich nach drei Wochen zum Rücktritt zwang. Damit nicht genug, wurde durch die spanische Staatsanwaltschaft die Einleitung eines Ermittlungsverfahrens beantragt. Ein Untersuchungsrichter an der *Audiencia Nacional* in Madrid muss entscheiden, ob dem Strafantrag stattgegeben werden soll und ein Ermittlungsverfahren eingeleitet werden muss, dass zu einem Prozess führen könnte. Experten schätzen ein, dass der 46-Jährige ehemalige Verbandspräsident Rubiales sogar zu einer Haftstrafe verurteilt werden könnte. Das Strafmaß könnte zwischen einem und vier Jahren liegen, wenn Rubiales bei der möglichen Anklage tatsächlich schuldig gesprochen wird.

Manche und mancher reiben sich verwundert die Augen: Wohin sind wir geraten, wenn ein zugegeben vielleicht nicht einvernehmlicher Kuss zu einer Haftstrafe führt statt zu der Einsicht, dass aus einer gewünschten Beziehung nichts wird.

Wann muss Klimts Bild aus dem Belvedere entfernt werden, denn ganz eindeutig ist ja nicht erkennbar, ob es sich um einen einvernehmlichen Kuss oder erzwungenen handelt? Geht es um einen liebevollen oder begehrlichen Kuss? Stellt Klimts Kuss gar sexuelle Gier dar, wildes Verlangen? Die Abgebildete Schönheit kann leider nicht mehr befragt werden.

Klimt wäre aber alles zuzutrauen, schließlich war bekannt, dass in seinem Atelier manchmal gleich mehrere Modelle nackt durch das Atelier flanierten. Mehr als ein Dutzend von ihnen reklamierten nach seinem Tod seine Vaterschaft für ihre Kinder.

Es erscheint eine Frage der Zeit, wann der neue Transgender Geist sich dem Klimtschen Kuss-Skandal zuwenden und das Bild, Zuschauermagnet für über eine Million Besucher jährlich, zugehangen oder nur noch mit einer langen zusätzlichen Erklärung und Unterschrift besichtigt werden dürfte, etwa dass man sich der Skandalträchtigkeit des Bildes voll bewusst sei und es eigentlich verabscheue statt bewundere. Die Millionen Merchandising

Produkte mit den zahlreichen Kussdarstellungen müssten ganz verboten werden, weil sich da ja so eine Aufklärung nicht verbinden ließe.

Wie sollte rückblickend mit dem Bruderkuss umgegangen werden, den sich Staatsoberhäupter bei offiziellen Staatsbesuchen gaben? Der Bruderkuss von Leonid Breschnew und Erich Honecker, auf der Berliner Mauer nach der Wende ironisiert abgebildet, warf Fragen auf. Wie freiwillig küssten sich Männer in höchsten Ämtern auf den Mund und das nicht nur einmal, wie auf alten Fernsehaufzeichnungen zu erleben ist.

Überhaupt gehört das freundschaftliche Küssen in vielen Kulturen als ein Zeichen für Empathie und Zuneigung zum ganz normalen Leben.

Wo ordnete sich da der in einigen Ländern noch bis heute übliche, zumindest angedeutete, Handkuss ein? In der katholischen Kirche wird er praktiziert, vor hohen Würdenträgern gleichfalls. Aber nicht nur in Corona-Zeiten könnten solche Rituale schon grenzwertig und vielleicht sogar als Körperverletzung gewertet werden, wenn man den Atemhauch spürte.

Auf jeden Fall sollte man sich vor dem Küssen künftig in Acht nehmen und klassisches Liedgut wie *Ich küsse ihre Hand, Madame* besser vergessen. Die zweite Hälfte und *träum es war ihr Mund* wirkt heutzutage schon wie eine verbale Vergewaltigung.

Eine große Analyse der Kuss-Literatur steht noch aus. Es galt schonungslos aufzudecken, wer da ungezügelt drauf los fabulierte, wie etwa Heinrich Heine:

Küsse, die man stiehlt im Dunkeln
Und im Dunkeln wiedergibt,
Solche Küsse wie beseelgen
Sie die Seele, wenn sie liebt".

Man sollte sich schon schriftlich vergewissern, dass eventuelles Küssen einvernehmlich erfolgt, auch wenn sich der geschasste Spanier Rubiales hinter den Franzosen Guy de Maupassant mit seinem Bonmot verstecken könnte:

Ein rechtmäßiger Kuss ist nie so viel wert wie ein geraubter Kuss.

Das war wohl der folgenreichste Kuss der Fußball-Geschichte, denn nicht nur Rubiales musste nach seiner halbgaren Entschuldigung seinen Hut nehmen, sondern auch der schon lange umstrittene Nationaltrainer Jorge Vilda wurde von seinen Aufgaben entbunden. Er galt als enger Vertrauter von Rubiales und seinetwegen streikte die Mannschaft schon öfter.

Jetzt läuft ein Verfahren gegen Rubiales wegen *sexueller Aggression.* Dabei kommen Lippenleser der Fernsehbilder und Zeugen zum Einsatz. Erstere wollen ermittelt haben, dass er sogar *Un besito (Ein Küsschen)?* gefragt haben soll, wie spanische

Medien berichten. Wie sie darauf reagiert habe, sei nicht zu beweisen, denn sie stand mit dem Rücken zur Kamera. Spiegel online schrieb am 11.9.23:

Im spanischen Kuss-Skandal um den zurückgetretenen Fußball-Verbandspräsidenten Luis Rubiales hat der Staatsgerichtshof in Madrid die Einleitung eines Ermittlungsverfahrens genehmigt. Es geht um sexuelle Aggression und Nötigung gegen die Weltmeisterin Jennifer Hermoso, wie das Gericht am Montag mitteilte. Rubiales hatte bei der Siegerehrung in Sydney am 20. August 2023 Hermoso ungebeten auf den Mund geküsst.

Ein Kuss-Spektakel von geopolitischer Dimension, obwohl Küssen doch so viel Spaß macht.

Den Ampelgurken Beine machen

Es ist erstaunlich, wieso ausgerechnet schwere Arbeit aus der Landwirtschaft zum Symbol für Unfähigkeit genutzt wird. Sich Politikerinnen und Politiker wie schlecht aufgestellte Fußballmannschaften als *Gurkentruppe* vorzustellen, hat jedoch etwas schön Anschauliches. Koalitionäre aller Farben haben sich schon gegenseitig als Gurken tituliert, obwohl ihnen wahrscheinlich praktische Erfahrungen aus dem Gurkenanbau wie der Ernte und nicht zuletzt der Verarbeitung fehlen.

Spezialisierte Gurkenproduzenten aus dem Spreewald verfügen über Jahrhunderte alte Erfahrungen. Sie wissen, dass die Gurkenpflanzen durchaus empfindlich sind. Das hat damit zu tun, dass sie im Jungstadium viel Fürsorge in Form von Wärme und Pflege brauchen, insbesondere für die Anzucht im Gewächshaus. Sie wachsen auch nicht schneller, wenn man dran zu ziehen versucht.

Der Streit in der Ampel-Koalition zu ökologischen Innovationen in der Gurkenproduktion begann damit. Während der Wirtschaftsminister am liebsten nur erneuerbare Energien zum Heizen von Gewächshäusern einsetzen wollte, plädierte der Finanzminister für Technologieoffenheit, die

Außenministerin für Integrationsgurken und gendergerechte Sprachregeln in der Gurkenzucht.

Der Kanzler schwieg und sah aus seinem Glaspalast seiner Gurkentruppe zu.

Kritiker wunderten sich, warum es noch kein Bemühen gab, neben dem Begriff *die Gurke* endlich den Terminus *der Gurkerich* einzuführen. Den Gurken wäre es sicherlich egal, auch wie das Gewächshaus beheizt wird, um kontinuierliches Wachstum zu gewährleisten. Letztlich ging es um die Zucht genießbarer Gurken aus deutschem biologisch makellosem Anbau oder auch normalem Gartenbetrieb ohne die vielen Öko-Label.

Aber schon hierüber konnte keine Einigkeit erzielt werden und so beschloss der Kanzler, seinen Ministerinnen und Ministern eine Paartherapie zu verordnen, die innovativ als Triple-Therapie anzulegen war, um allen Regierungsparteien Genüge zu tun. Die Triple-Therapie sollte im Spreewald in einem Gurkenbetrieb stattfinden, um maximale Nähe zu den Spreewaldbewohnern und Gurkenproduzenten sicherzustellen.

Offenbar wusste jedoch keiner aus der Spitzencrew, welche Schritte im Gurkenanbau zuerst unternommen werden mussten, um reiche Ernte einzufahren. Bevor die jungen Gurkenpflanzen aufs Feld kamen, müssten die Samen im Gewächshaus ausgesät und gejätet werden. Dort sollte der

Heizungsspezialist Robert für gleichbleibende Bedingungen sorgen, was für Gurkenpflanzen enorm wichtig ist. Es braucht nicht betont zu werden, dass dies allein mit Wind- und Sonnenenergie nur mäßig gelang, auch wenn tüchtig Düngung aus Eigenexkrementen eingesetzt wurde, um das Keimen und Wachsen der Setzlinge zu fördern.

Im Frühjahr, als die Temperaturen etwas nach oben kletterten, galt es die jungen Pflanzen auf das Gurkenfeld zu bringen. Und dann hieß es: auf Anwachsen und Wachstum hoffen. Immer, wenn es bei der Pflege Probleme gab, zeigten die Gurkenzüchter auf den Nebenmann oder die -frau, ohne dadurch auch nur eine Gurke mehr zu erzielen.

Auch das Erzählen von Gurkenwitzen verbesserte die Stimmung nicht wesentlich. Der Kanzler versuchte es dennoch:

Was ist grün, gelb und rot und rast durch den Wald?
Die Gurkenkoalition.
Und was ist durchsichtig und rennt hinterher?
Der Kanzler mit dem Gurkenglas.
Und wo ist da der Witz?
Die Regierungsgurken sind keine Rudeltiere.

Die meisten Regierungsmitglieder lachten nur kurz auf und dachten mit Blick auf den aus Norddeutschland stammenden Kanzler an einen anderen Gurkenwitz.

Warum essen Ostfriesen keine eingemachten Gurken?

Weil sie den Kopf nicht ins Glas bekommen.

Das Niveau der Gurkenwitze rutschte dann leicht unter die Gürtellinie und brachte die Triple-Therapie fast in Gefahr.

Das Highlight war dann der Einsatz der gesamten Regierungsmannschaft zur Ernte auf dem *Gurkenflieger*.

Der Gurkenflieger bestand im Spreewald aus einem Traktor sowjetischer Bauart, mit Anhänger, an dem links und rechts zwei bis zu 15 Meter lange, tragflächenartige Plattformen aufgehängt waren, die etwa 30 Zentimeter über dem Boden schweben. Auf den Tragflächen mussten sich die Regierungsmitglieder bäuchlings legen, um die Gurken per Hand zu pflücken und auf ein Förderband zu legen, dass die Gurken dann in den Anhänger transportierten. Der Gurkenflieger bewegte sich etwa einen Meter pro Minute, damit genügend Zeit zum Pflücken der reifen Früchte blieb. Das reichte dennoch nicht für alle Regierungsmitglieder, um mit dem Tempo mitzuhalten.

Nach Überwinden der ersten Scheu und Gewöhnung an das Liegen auf dem Bauch, entstand jedoch der erwartete gruppendynamische Effekt, dass jeder der beste Gurkenpflücker sein wollte.

Damit schien die Triple-Therapie erfolgreich und der Kanzler sehr zufrieden.

Als dann der *Gurkenflieger* jedoch mitten in der Hochsaison der Ernte auf dem Acker im unerwarteten Starkregen stecken blieb, mussten alle Mitglieder der Gurkentruppe bäuchlings in den Schlamm, weil man sonst nicht von den Flächen des *Gurkenfliegers* kam.

Das symbolträchtige Bild nahm ein BILD-Reporter auf und postete dazu in Anlehnung an die Dichterin Else Lasker- Schüler:

Regierung bis zum Bauch im Schlamm, aber mit dem Kopf in den Sternen.

Zum Autor

Prof. Dr. sc.
Wolf D. HARTMANN

Wirtschaftsingenieur und Autor.

Er war Hochschuldozent und Prof. an der Hochschule für Ökonomie in Berlin von 1983 bis 1986, ab 1989 Direktor des Modeinstituts der DDR. Seit 1993 wirkte er nebenberuflich als Professor an der Privaten Universität Witten/Herdecke, zunächst in der Fakultät für Umwelttechnik und dann im Institut für kulturvergleichende Wirtschaftsforschung. Parallel gründete er mit dem Unternehmer Klaus Steilmann das Institut für Innovation und Umwelt. Seit 2001 wurde er Gastprofessor für EVONETIK an der Brandenburgischen Technischen Universität (BTU) Cottbus. Danach Gastprofessor in Zentralasien und in Kiew und freiberuflich beratend tätig.

Er ist Mitglied der Europäischen Akademie der Wissenschaften und Künste Salzburg und Träger des B.A.U.M. Umweltpreises.

Zur Publikationsliste von über 80 Titeln siehe www.wolf-d-hartmann.de und unter dnb.de.